Ser y existencia

Ser y existencia

José Luis Moreno Cantos

Círculo Rojo
EDITORIAL

Edición actualizada y ampliada

Primera edición: febrero 2024

Depósito legal: AL 316-2024

ISBN: 978-84-1061-705-6

Impresión y encuadernación: Editorial Círculo Rojo

© Del texto: José Luis Moreno Cantos
joseluismc52@gmail.com
669943128
© Maquetación y diseño: Equipo de Editorial Círculo Rojo

Editorial Círculo Rojo
www.editorialcirculorojo.com
info@editorialcirculorojo.com

Impreso en España — Printed in Spain

A Concha, Pepa y Ana

PRÓLOGO

En 1938, poco antes de que estallase la Segunda Guerra Mundial, Jean-Paul Sartre, uno de los más grandes pensadores del siglo XX, publicó una novela en la que se resumía y se explicaba a la perfección qué era el existencialismo, la corriente filosófica que desarrolló, en connivencia con Albert Camus, Karl Jaspers, Unamuno, Martin Heidegger o la simpar Simone de Beauvoir, su pareja; y tomando como punto de partida la filosofía a martillazos que nos dejó el gran Friedrich Nietzsche y la amargura vital de Kierkegaard.

El existencialismo, aunque suene a verdad de Perogrullo, era una apuesta por la toma de conciencia del individuo de lo que es su realidad más inmediata: su propia existencia. No hay nada más, ni antes, ni después, ni sobre nosotros. «Tan solo niebla, y nada más», que diría Baudelaire.

Somos libres y, por lo tanto, estamos condenados a ser responsables de lo que somos. No hay más, no hay esencia, a no ser que consideremos que esa esencia es esto, nuestra vida, nuestra herida… Y esa verdad, universal como pocas, sirve para unirnos en la desgracia, en la alegría y, sobre todo, en el estupor ante un mundo que nos atrae tanto como nos aterroriza…

Estamos solos, somos libres y, por lo tanto, responsables. Seres heridos, dañados, rotos, efímeros… pero contentos porque, al menos, sabemos lo que somos y podemos compartir con los demás lo único que tenemos: tiempo, miradas, sonrisas, lágrimas, quejidos y quebrantos. En otras palabras, poesía. Poesía herida.

Aquella novela se tituló *La náusea* y fue todo un éxito de ventas. La narración consistía en un particular viaje al infierno interior —y exterior— de su protagonista, Antoine Roquentin, y se centraba en su particular forma de sentir la existencia: la náusea, la terrible convicción de que somos contingentes e innecesarios, de que podríamos perfectamente no existir y no pasaría nada.

Somos nada, finitos, gratuitos, sin sentido. Esta idea, el sopor que sufre un individuo consciente de su invisibilidad y absurdez existencial, y a la vez, del terrible e imparable paso del tiempo y de lo efímeras que son las posibles escapatorias ante esta incuestionable realidad; esa idea, insisto, es la estructura sobre la que gira, a mi entender, este extraordinario compendio de poesía que ha escrito José Luis Moreno Cantos, *Ser y Existencia*. En él, la poesía encuentra un eco en la existencia humana, trazando con líneas de tinta los contornos de la vida y la soledad, de la naturaleza y el hombre, del amor y la pérdida. En sus páginas, el autor, un poeta de la cotidianidad, del barro y del cielo, del campo y la ciudad, nos lleva a través de un viaje introspectivo, donde la poesía se convierte en un espejo del alma.

En *Ser y Existencia*, se abordan los grandes temas de la vida y la filosofía. El poeta se convierte en un observador del universo, reflexionando sobre su lugar en el cosmos y su relación con la naturaleza y el ser. Les podría poner muchos ejemplos, pero me quedo con «La vida, un sueño» un hermoso poema existencialista en el que nos confronta con la efímera naturaleza de la existencia y la inevitabilidad de la muerte.

Por supuesto, este camino lleva al poeta en ocasiones a la oscuridad y la introspección. En poemas como «Triste ley» y «Morir de amor», el autor explora las profundidades de la emoción humana, desde la desesperanza hasta el ardor de un amor que consume. El dolor, la soledad y la búsqueda de significado son temas recurrentes, como en «Silencio de la noche», donde el silencio se convierte a la vez en un refugio y una prisión para el alma.

Pero, ojo, no es obra pesimista, al menos no siempre. No se debe confundir el pesimismo con la tranquila conciencia de la realidad. Que seamos conscientes del absurdo existencial, de la náusea y de lo efímero y contingente que es todo, no debe tomarse como una llamada a la inacción y al nihilismo. Al contrario. Una vez asumido lo que somos, una vez asumido que el tiempo es breve, que estamos solos y que siempre existirá el dolor y el llanto, solo nos queda vivir el momento como si no hubiese un mañana, disfrutar de todo y de todos, y desarrollar al máximo lo que nos hace verdaderamente humanos: amar y amarnos, llorar y llorarnos. Por eso, o al menos así lo entendido yo, el poeta nos invita también a reencontrarnos con la vida, con la vida de verdad, con la cotidianidad de las gentes humildes que tanto contrasta con el mundo loco de hoy. En «Las lavanderas», por citar un poema que me ha gustado especialmente, asistimos a la escena de unas mujeres trabajando en la ribera de un río, un cuadro que evoca la belleza efímera de los momentos sencillos de la vida. El mundo rural, de este modo, el más cercano también a la naturaleza, se convierte en una suerte de epítome de un mundo ideal en extinción que el autor se propone reivindicar y usar como tabla de salvación.

Es más, la naturaleza juega un papel fundamental en estas páginas. En «Vuela torcaz», por ejemplo, se describe el vuelo cansado de una paloma torcaz en un verano caluroso, un símbolo de la lucha constante por la supervivencia en un mundo inhóspito. Los animales, como Ítaco, el caballo protagonista de varias piezas, se presentan no solo como compañeros del ser humano sino también como símbolos de la conexión con la naturaleza y el espíritu de libertad. En «Trabajando con Ítaco», el autor nos describe la armonía entre el jinete y su caballo, una danza de movimientos y mandatos que se funden en un solo ser.

Podría continuar analizando otros muchos temas que aquí se abarcan, pero tampoco es plan de destripar en exceso lo que van a leer.

En definitiva, cada poema de este precioso y reflexivo poemario que están a punto de leer es un universo en sí mismo, un microcosmos de sentimientos y pensamientos que se entrelazan para formar un tapiz de la experiencia humana. *Ser y Existencia* es una obra que invita al lector a sumergirse en las aguas profundas de la reflexión, a navegar por las corrientes de la emoción y a explorar las playas de la existencia con una mirada introspectiva y profundamente humana.

José Luis Moreno Cantos nos enseña su alma —y qué alma— y con este altruista acto de amor y generosidad, y de grandeza literaria, nos enseña a enseñar nuestra alma. Esa es la clave, si lo he entendido bien, de este libro. Aprender mediante el sentir ajeno a conocer el sentir propio, lo que verdaderamente somos y sentimos. Aprender que todos tenemos las mismas preguntas y que todos ansiamos las mismas respuestas. Aprender que la vida es un drama, pero que es nuestro drama. Somos drama. Somos, una vez más, herida. Pero también somos la solución, el camino, la cura, la tirita…

Buen camino.

Óscar Fábrega. Humano, demasiado humano.

Naturaleza

I
Cortijo blanco

Tierras de secano
y cortijo blanco
bajo un cielo claro.

Muros de piedra y cal,
y tejas de barro.

Blanco sobre barro,
cortijo en secano.

--- 0 ---

Año 1971

II

Camino de polvo

Camino de polvo,
camino de tierra;
polvo sediento,
bajo las ruedas
de las carretas;
camino duro,
de polvo y piedra;
camino seco,
como el sonido
de los platillos
de las carretas.

---0---

Año 1971

III

Vuela, torcaz

Verano,
calor en el secano.

Vuelo raso,
cansado.

Hacia el río, del erial,
vuela la torcaz.

--- 0 ---

Año 1971

IV

Las lavanderas

Entre los juncos de la ribera,
a la sombra de un sauce llorón,
se afanan y charlan las lavanderas.

Finas arenas van pasajeras
entre las aguas de la chorrera.

Y en un remanso del arroyo,
la espuma de las lavanderas
mece y besa los mastranzos.

Y a lo lejos, en el arenal,
una garcilla levanta el vuelo
y se marcha revoloteando.

--- 0 ---

Año 1971

V

Ventana en el establo

Un boquete, en el muro practicado,
con dos barrotes mal cruzados,
por donde al amanecer sale el gallo
y va y viene y huye el gato,
es una ventana en el establo.

--- 0 ---

Diciembre de 1971

VI

La noche está de blanco

El cielo, estrellado.

La luna en el río
se refleja y blanquea
los chopos de la ribera
y el cortijo en el secano.

La noche está de blanco.

---0---

Diciembre de 1971

VII

Amanecer

Ya apunta el alba sobre las montañas;
y el río, en suave mirada de cristal,
se esparce por el arenal,
entre las verdes pupilas de las huertas;
y un rayo de sangre
viola el verde tapiz del valle.

--- 0 ---

Diciembre de 1971

VIII

Monte arriba

Monte arriba voy caminando,
entre las matas, por el vericueto;
de trecho a trecho, encinas,
y de roca en roca, saltando,
el agua del arroyuelo.

--- 0 ---

Diciembre de 1971

IX

Ítaco

Su cabeza, ni pequeña ni grande,
casi de perfil recto,
tirando a convexo.

Su frente, altiva, espaciosa;
la cara, descarnada y graciosa.

Los ollares, suaves, en coma invertida,
y el hocico, rasgado, como de liebre;
los labios, delgados y firmes;
la boca, fresca y espumosa.

Las orejas, de curvatura perfecta,
romas, ni delgadas ni gruesas,
altas y parejas, de buena vela.

Los ojos, negros, alegres, rasgados,
placenteros, en figura triangular,
que no descubren blanco.

El cuello, ancho en el nacimiento,
sale del amplio y redondo pecho,
flexible y bien levantado,
descargado de delante, engallado,
y la cabeza, colocada en la vertical.

...

La espalda, ancha;
el dorso, recto;
el costillar, en óvalo correcto;
los riñones, musculados;
la grupa, amplia y redondeada,
ni horizontal ni derribada;
y los muslos, bien formados y llenos.

Las cuatro patas,
bien aplomadas sobre la vertical.

La cola, espesa, nacida baja;
y las crines, finas, sedosas y largas.

De capa, tordo oscuro;
calzado bajo de los cuatro pies;
y en la frente, un lucero corrido,
con un remolino,
que lo tapa el tupé.

Todo él, equilibrado y reunido.

Cinco años, en la boca
y entero, como Dios manda.

Ítaco, caballo español,
de pura raza.

--- 0 ---

Noviembre de 1994

X
Paseando con Ítaco (1)

Lánguido atardecer de otoño.

De espaldas al ocaso que llega,
cabalgo río abajo por el arenal
que no cesa.

A lado y lado de la ribera,
cañaverales,
lanzas al cielo, que guardan celosas,
a huertas
y naranjales;
eucaliptos, álamos blancos
y tarajales,
torreones y alminares
al cielo de río Grande.

Y el silencio se quiebra
por el revoloteo de los pájaros
cobijándose en la alameda
y el sonido de las herraduras
sobre los guijarros de la arena.

Y los sueños se agigantan
como las sombras de la arboleda
y los recuerdos vuelven a la memoria,
preñados por el son de los cascos
contra la arena
y el chapoteo en el agua.

…

Sueños de juventud al alba
y recuerdos de un jinete
en el ocaso del otoño que pasa.

--- 0 ---

Málaga, 22 de noviembre de 1994

XI
Paseando con Ítaco (2)

Se ha echado la noche
mientras hacemos
el camino
de regreso al pueblo.

El cielo, limpio,
de estrellas prendido,
y la luna llena, de blanco.

Atrás queda el cerro,
que hemos bordeado
por la trocha
del viejo olivo,
que se retuerce
sobre su sombra.

Huele a hierba mojada
y sementera
por la rociada
que va cayendo.

Y en la acequia,
que va junto al camino,
los penachos de las cañotas,
balanceadas por la brisa,
cual bandada de gaviotas,
a punto de iniciar el vuelo,
agazapadas,
casi a ras de suelo.

…

Y el silencio se quiebra
con el martinete de las herraduras
sobre el camino de tierra
y piedras,
y el son se acompasa
del batir de los estribos
y las espuelas.

Y abajo, el arroyo,
hilo de plata,
se arquea
entre las sierras
y la vega.

Y la niebla se levanta,
desde el arroyo,
sobre la cañada,
ante la mirada
indiferente
de la luna llena.

Ya se divisan,
a lo lejos,
las luces del pueblo,
y se disipan
las sombras de los recuerdos.

A Ítaco le entran las prisas
de la cuadra y el pienso.

--- 0 ---

Noviembre de 1994

In memoriam *de mi amigo Miguel Moyano,*
domador de caballos

XII

Trabajando con Ítaco

Las riendas, a la mano;
el pie izquierdo, en el estribo;
y, en esforzado movimiento,
monto a mi caballo Ítaco.

Cuatro riendas, a la mano izquierda
y al hierro en su boca,
que son mando y no castigo;
riendas que ponen armonía
entre sus movimientos y los míos.

Sale al paso, al natural, brioso,
braceando al aire
y al polvo del camino.

Un leve apoyo a los costados
y, sostenido del bocado,
sale al trote corto.

...

Otro apoyo y al galope,
empujando, resoplando,
a la mano derecha;
y aflojando un poco,
la espuela al costado derecho,
y cambia de mano al galope,
a la izquierda.
Aflojo, apoyo y quiebra
a la derecha, a la izquierda,
en interminable pirueta,
por abajo, sobre las patas traseras,
para salir rompiendo adelante,
en arreón, el remolino de polvo y tierra,
y parar haciendo raya.

De nuevo al paso, con buen tranco,
tirando el mosquero de oreja a oreja.

¡Tranquilo, Ítaco!

--- 0 ---

Málaga, 14 de noviembre de 1994

XIII

Tiempo de siembra

El cielo, cubierto,
anunciando agua.

La tierra, de barbecho,
y el grano, rociado
entre las amelgas.

Yuntas de vacas uncidas,
tirando de arados
de palo y reja.

Hombres de campo,
corvados
sobre las manceras,
hundiendo las rejas
en la tierra.

Surcos torcidos
entre palmichales
y majanos de piedras.

Detrás, bandada de pájaros
que pican la simiente
y revolotean.

...

Tierra de barbecho,
granos, surcos,
tierra nueva,
olor a jara,
a retama
y a sementera.

Tiempo de siembra.

---0---

Málaga, 17 de agosto de 2000

XIV

Tiempo de siega

Por la vereda vienen
los segadores.

Amanece entre encinas
y campos de espigas.

Por la vereda llegan
los segadores;
sombreros de palma,
camisas blancas,
zahones de arpillera,
alpargatas de esparto,
hoces al cinto colgadas.

Ya están en el tajo
los segadores.

«¡Meted mano!».

Manijero y cuadrilla
van segando
los campos de espigas.

El sol ardiente,
las frentes perladas,
las cigarras cantan,
las hoces cortan
las mieses crujientes.

...

Manijero y cuadrilla
van cubriendo
el rastrojo de gavillas.

Ya atardece
entre encinas
y sobre las gavillas

«¡Dad de mano!».

---0---

Málaga, 8 de septiembre de 2000

XV

Duérmete, niño

Se acabó el día.

Se hizo la trilla,
se aventó la paja,
se recogió el grano
en sacos de arpillera.

Es de noche en la era.

El cuerpo, cansado;
duérmete, niño,
sobre la paja de la era.

El cielo, de raso,
plagado de estrellas;
la luna, de blanco,
alumbra la era.

Duérmete, niño,
sobre la paja de la era;
descansa tu cuerpo,
cuenta las estrellas.

Cae el relente;
la noche refresca;
cúbrete, niño,
con la paja de la era.

...

El misterio de la noche
y el silencio, rotos
por grillos y otros;
duérmete, niño,
sin miedos.

--- 0---

Málaga, 2 de septiembre de 2000

Sentimientos

I
Triste ley

Alma silenciosa y oscura,
triste ley de anochecer.

Alma inerte y fría,
triste ley de amanecer.

Corazón, abismo profundo,
triste ley de una pasión.

Corazón, vacío inmenso,
triste ley de un amor.

---0---

Década de 1970

II
Morir de amor

Si en tus brazos expira,
de amores, mi alma;
si siento el calor de tu regazo
y el frío de mis entrañas;
si deja de latir mi corazón
para que el tuyo lo haga;
si dejo de respirar el aire
que tú exhalas;
si por mis mejillas corre
mi última lágrima;
si en un suspiro de dolor
se me escapa el alma
y aún no me crees,
pon tu mirada en mi mirada.

--- 0 ---

Década de 1970

III

Tú no sabes de amor

Si no eres pétalos
de mustia flor,
exhausta en espera
de un beso de amor.

Si no eres suspiro
de aroma y color,
huella que en el alma
deja el dolor.

Si no eres susurro
ni suave rumor
de ilusiones que vagan
en el corazón,
tú no sabes de amor.

--- 0 ---

Década de 1970

IV

Aguas de cristal

Aguas de cristal
que pasan
y solo queda el arenal.

Penas del alma
que pasan
y solo dejan soledad.

--- 0 ---

Diciembre de 1971

V

Providencia

Yo quisiera ser providencia,
que, en divina perfección,
cambiara nuestra existencia,
pues tan gran amor te tengo
que uniría la forma a la idea.

--- 0 ---

Diciembre de 1971

VI

Sentir o amar

Viento,
cesa en tu ulular;
mar,
cesa en tu lamento;
no quiero confundir
sentir con amar.

---0---

Diciembre de 1971

VII

Silencio de la noche

Silencio de la noche
que traspaso
con un sollozo amargo,
silencio de la noche
que profano
con mi pena y mi pecado,
silencio de la noche
que amo
y no soy amado.

---0---

Diciembre de 1971

VIII

El juramento

En el lecho, tu cuerpo y mi cuerpo,
desnudos en un beso profundo,
y el amor, mensajero de otro mundo,
se dilata como el mismo universo.

Y tu alma y mi alma en el infinito,
donde los dioses copulan amor,
en busca del milagro divino
que una tu ser a mi yo.

Un instante, se rompe el silencio;
«ni otro lecho, ni caricias, ni besos,
ni otro hombre poseerá mi cuerpo,
—murmuró ella—, te lo juro por Dios».

Tengo miedo de que sea un momento.

--- 0 ---

Década de 1980

IX

La espina y la flor

De la tierra,
el rosal;
de la brisa y el alba,
la rosa.

Y el amor entre dos,
la espina y la flor.

Egoísmo que andas camino
entre espinas, entre dos;
egoísmo que vas matando
el amor.

--- 0 ---

Año 1982

X

Adiós

Conmigo descubriste el amor
en cada gesto, palabra y beso.

Yo hice vibrar tu alma y tu cuerpo
en mis ardientes brazos de pasión.

Y en mi lecho, tu lecho, el rubor
de tus mejillas, tu tímido miedo
y el gozo infinito y pleno
que rompió tu delicado candor.

Ahora el gesto, la palabra, el beso,
las caricias, el miedo, el rubor,
la pasión y el amor han muerto.

Ya no tenemos lugar ni tiempo
para amar. Solo para un adiós
lánguido, inminente y cierto.

--- 0 ---

7 de marzo de 1985

XI

En la magia de la noche

En la magia de la noche,
los duendes de mis sueños
bailan una danza
de misterio.

En la magia de la noche,
surgen en mi pensamiento
fantasías olvidadas
hace tiempo.

En la magia de mis sueños,
se confunden el amor y el deseo,
como dicotomía
entre el alma y el cuerpo.

Quiero conciliar magia y noche,
y miro en tus ojos
y busco, para ver en ellos,
la imagen de mis sueños,
y no la veo.

Quiero conciliar magia y sueños,
cogido de tu mano
y acariciando el tiempo,
ya infinito de deseos.

Quiero interpretar en tu mirada
tu pensamiento
y no logro verme en él.

. . .

Quiero fundir la magia, la noche,
el amor, los deseos,
el alma, el cuerpo
en un tiempo infinito
de tu pensamiento.

--- 0 ---

20 de marzo de 1989

XII

Amor, deseos y existencia

Tarde de primavera;
tarde de luz y de color,
que al alma inquieta.

Tú y yo juntos,
muy cerca;
una mirada, caricias,
besos, suspiros y dudas;
dudas que al alma atormentan.

Y tu cabeza, reclinada
en mi pecho inquieto;
y las manos, entrelazadas
en cálido juego;
y el sol, en el horizonte,
baña de luz tus besos.

Y tú y yo juntos,
aún más cerca;
y mi cuerpo, en tu cuerpo;
y tu alma y mi alma
se funden
como los rayos de luz
y la primavera.

...

Y la razón duda
y el alma tiembla
y el amor se dilata
como la luz de las estrellas.

Ya somos uno
en el infinito de nuestra existencia.

--- 0 ---

25 de marzo de 1989

XIII

Amor

Amor que vienes en silencio,
violando la paz de mi alma;
amor que vas abriendo,
heridas que me desgarran;
amor, dulce amor que hieres
y en lenta agonía me tienes
sin saber, sin razón, y no matas.

Amor que vas huyendo
entre las brisas del alma,
sin darle a mi corazón tiempo
de latir entre tus alas;
adiós, amor, dueño de mis sueños,
y de mi corazón, la daga.

--- 0 ---

27 de marzo de 1989

XIV

Rosas o claveles

No son rosas,
son claveles;
el matiz
entre el amor
y los quereles.

--- 0 ---

6 de abril de 1989

XV

Te quiero

Quiero estar junto a ti,
admirar tu cuerpo,
sentir tu mirada
lánguida de sueños,
contemplar tu sonrisa
preñada de gestos,
leer en tus pupilas
tus sentimientos,
sentir el calor de tus manos
y la suave caricia
de tus besos;
quiero que estés tan cerca
de mi alma
como lo estás de mi pensamiento
y oírte alguna vez decir
«te quiero».

--- 0 ---

Antequera, 19 de abril de 1989

XVI

Jardín y huerto

Tu cuerpo,
tu casa y templo.

Tu casa,
jardín y huerto
de los amores.

Entre las flores,
pensamientos,
fragancias de amores
y sentimientos;
sentimientos,
las dudas y las espinas
de tu jardín y huerto.

--- 0 ---

9 de mayo de 1989

XVII

Caprichos de Dios

Clavel
blanco y púrpura,
de amanecer.

Blanco de creación,
púrpura de perfección,
como el atardecer.

Y el amor
entre dos,
mañanas y tardes
de los caprichos de Dios.

--- 0 ---

26 de febrero de 1990

XVIII

Primavera en invierno

El cielo, azul;
el sol, radiante en su apogeo;
el día, claro, sin viento;
el campo, de invierno.

Tú y yo juntos, cuerpo con cuerpo,
a la sombra de un árbol,
saboreando
la primavera de tus besos.

--- 0 ---

Abril de 1990

XIX

Las espigas y el viento

Campos
de sentimientos,
trigales
ondeando al viento.

Amapolas dobladas
de rojo carmín
y espigas preñadas
plegadas al viento.

Rojos sentimientos
entre las espigas
y el viento,
entre tus besos
y mis besos.

--- 0 ---

5 de mayo de 1990

XX

Mujer del sur

Mujer del sur,
piel de canela,
dorada por el sol
como la arena;
mujer, arena fina.

Pelo castaño
como tus cejas,
pobladas como los sueños
de tu frente inquieta;
pelo castaño,
que ya blanquea;
mujer
de cal y tierra.

Ojos oscuros,
profunda mirada,
misterio quieto
que agita tus pestañas;
mujer
toda mirada.

En tu boca, una sonrisa
con gesto sesgado
y el blanco nácar
de tus dientes perlados;
mujer,
labios de grana y besos.

…

Tus senos,
libres como el viento,
vasijas de bohemio,
para guardar la miel
de tu cuerpo;
mujer
de barro y cera.

Tu aroma,
olor a hierbabuena
y jazmín de patio fresco;
mujer
de agua y sexo.

Tu cuerpo, la tierra,
y en él, el fruto
del árbol de la vida,
y del sexo, la esencia;
mujer
de fuego y tierra.

Mujer, tierna mujer,
amante de un poeta.

Mujer, toda mujer.

--- 0 ---

9 de mayo de 1990

XXI

Dicotomía entre los dos

Noche,
cadencia de sentimientos
e ideas.

Poesía,
dicotomía entre la noche
y el día.

Yo, la noche,
pleno de sentimientos;
tú, el día,
poesía de luz y color.

Noche y día,
dicotomía entre los dos.

--- 0 ---

31 de mayo de 1990

XXII

Celos

Es un momento
en el que se nublan
los sentimientos;
es un momento
de desasosiego
del alma,
vacío inmenso
de amor;
es un momento
negro, eterno,
como la noche
de los tiempos;
es un momento
de celos.

--- 0 ---

Antequera, 17 de diciembre de 1990

XXIII

Mujer de ojos negros

Mujer
de ojos negros,
profundos
de sentimientos.

Mujer
de misterio,
que miro
y no comprendo.

Tu mirada,
caricia del cielo
sobre mi alma
de sentimientos.

Mujer
de ojos negros
y misterios
y sentimientos,
que me inquieta
y no entiendo.

Mujer
que miro ciego;
amor que siento.

--- 0 ---

Antequera, 16 de octubre de 1990

XXIV

Noche oscura

Noche que me cubre
con su manto de sueños;
noche de sombras
y de luna oculta;
noche bruja,
como tu mirada
profunda;
noche plena
de sentimientos,
hasta que el día
disipe los sueños.

¡Que dure la noche oscura!

--- 0 ---

9 de junio de 1992

XXV

A la orilla de la mar

A la orilla de la mar,
barca marinera
que nunca ha de navegar.

A la orilla de la mar,
donde la brisa acaricia
sin dejarse acariciar.

A la orilla de la mar,
donde el rumor de las olas
rompe el silencio
que no has de violar.

A la orilla de la mar,
donde la luna se refleja
en un baño de plata
sin dejarse tocar.

A la orilla de la mar,
donde la barca encalla,
la brisa se pierde,
las olas resacan,
la luna se va
y los sentimientos mueren.

A la orilla de la mar.

--- 0 ---

5 de agosto de 2000

XXVI

Patio fresco

De tu casa.

De tu patio,
el rumor
de tus pasos perdidos,
a veces confundidos
con el murmullo
de su fuente;
el color
de los geranios,
entre verdes helechos;
y el olor
a albahaca en flor.

De tu patio,
nuestros sueños
de amor.

De tu balcón,
preñado de gitanillas
en flor,
están prendidas
nuestras promesas
de amor.

...

En tu ventana,
entre claveles
rojos y blancos,
trazan nuestras manos
filigranas
de amor.

En tu puerta,
buganvillas y jazmines
adornan nuestros besos.

Tus gestos,
caricias de patio fresco,
de geranios y helechos,
de albahaca
y gitanillas en flor,
de claveles rojos y blancos,
de buganvillas y jazmines.

De tus labios,
promesas de amor.

--- 0 ---

2 de octubre de 2003

XXVII

La mirada en el universo

La mirada en el universo
en la infinita geografía de las estrellas,
un sueño
para contarlas.

Y la mirada en tu cuerpo
y los labios en tu piel
en la inmensa geografía de tus efélides,
un deseo
para besarlas.

--- 0 ---

27 de octubre de 2003

XXVIII

Una gota, una lágrima

Una gota
de rocío
de tus ojos
derramada.

Una gota
de azahar
por tus mejillas
deslizada.

Una gota
de sal
en tus labios
posada.

Una gota
en tus labios
con un beso
secada.

Una gota,
una lágrima.

--- 0 ---

27 de octubre de 2003

A Julia, en su primera comunión

XXIX
Niña de blanco

Niña de blanco,
paloma al viento,
en un vuelo blanco,
como un sueño.

--- 0 ---

Granada, 21 de mayo de 2022

Existencia

I

Recuerdos de la infancia

Desde un ángulo oscuro,
detrás de una ventana,
miro la callejuela
estrecha y empedrada.

Todo continúa igual,
nada muta o cambia.

Los niños, jugando
a las bolas, al aro;
las niñas cantan, cantan
y a la comba saltan;
y el carromato,
renqueante, que pasa;
arriero y borriquillo,
con su paso de carga;
las mozas, en la fuente,
unas llenan sus cántaros
mientras otras aguardan.

Por el camino, llegan
las lavanderas,
el leñador, el cabrero
y la piarilla de cabras.

Ya se ha encendido
el farol de la plaza.

...

Quieto, contemplo
la tarde, en silencio,
que presagia mal tiempo.

Las nubes tapan del horizonte
el último bostezo.

Mientras, doblan campanas
anunciando entierro.

--- 0 ---

Coín, final década de 1960

II

Anhedonia

Mi vida ya no es vida,
sino un concepto abstracto;
ya ni sufro, ni lloro,
ni tengo días amargos.

---0---

Década de 1970

III

Soledad

No hay sol, no hay tardes,
solo noches oscuras
y soledad.

No hay luz, no hay ocasos,
solo tinieblas profundas
y soledad.

No hay sol, no hay tardes,
solo soledad
que no sé llorar.

No hay luz, no hay ocasos,
solo soledad
que no sé amar.

---0---

Década de 1970

IV

Y Dios me ha dejado solo

En mi alma siento un gran amor
porque me encuentro solo;
solo creo en Dios
y Dios me ha dejado solo.

--- 0 ---

Década de 1970

V

Ser y existencia

En el fin del universo,
en la luz de las estrellas,
en el azul de los cielos
y los misterios de la tierra,
existo yo.

En las cumbres de las montañas,
en las colinas y montes,
en los valles y horizontes,
soy ocaso y alba.

En las aguas de la mar,
sobre las olas y la espuma,
bajo el sol y la luna,
navego yo.

De las noches oscuras,
de las tinieblas y espesura,
soy sombra y negrura.

De los días despejados,
bajo los rayos del sol,
en los ardientes campos
de soledades y llantos,
soy los gritos de dolor.

...

En la umbría de los bosques,
entre las hojas muertas,
sobre la escarcha y las setas,
habito yo.

Si tras la lluvia sale el sol
y las plantas gotean color,
goteo yo.

Como en la roca, el venero,
surjo yo
y brinco entre las peñas
por la ladera
para ser sendero
en la ribera.

Del agua de la fontana,
del trinar de pajarillos
y del batir de sus alas,
del abismo y la distancia,
soy murmullo, eco y voz.

En el tronco de los árboles,
en las hojas de las ramas,
en los pétalos de las flores
y en el color de las plantas,
estoy prisionero yo.

...

En tu profunda mirada,
en el fondo de tu alma
y en tu corazón,
soy, mi amor, tus lágrimas,
tu pena y tu perdón.

En un punto,
soy existencia,
luz y tiniebla,
matiz y amor.

--- 0 ---

Década de 1970

VI

La tumba solitaria

Está fría la mañana.

El gélido viento quiebra
el silencio de las ramas.

Y en la tierra húmeda,
henchida, empapada,
cubierta de escarcha,
está la tumba solitaria.

Así se siente mi alma.

---0---

21 de noviembre de 1970

VII

Soy vela de cera

Soy vela de cera
que arde en el altar,
soy alma de pena
que no sabe llorar,
soy lágrima de cera
que no sabe amar.

---0---

Diciembre de 1971

VIII
Quietud de los campos

Quietud de los campos,
silencio muerto,
cementerio de soledad
de los campos muertos.

---0---

Diciembre de 1971

IX

La sombra

Por el suelo se recorta,
cual ley y fantasía,
imagen y forma
de la realidad,
la sombra.

--- 0 ---

Diciembre de 1971

X

Quisiera saber

Quisiera saber
dónde están el amor,
la verdad y la fe.

Quisiera saber
de la existencia,
que no existe el infinito,
y de las cosas, su esencia
de lo absoluto.

Quisiera saber,
de nuestro amor,
su verdad y fe,
y verlo desnudo
de egocentrismo.

Dudo de todo y entiendo
que es necesidad del alma
seguir amándote
hasta el infinito.

--- 0 ---

1980

XI

TRASTORNO DE ANSIEDAD

Crisis de angustia

En un momento, mi existencia
deja de tener sentido vivencial
y mi alma, llena de angustia mortal,
refleja en mi cuerpo su experiencia.

Más que miedo, es terror lo que vivencia
y, sin sentido de lo sustancial,
entra la angustia en la espiral
que somatiza toda creencia.

Y morir, porque se está viviendo,
es la terrible contradicción
de vivir, porque se está muriendo.

Y aún el momento no se va yendo
cuando vuelve la aprensión
a la mente y al cuerpo, sometiendo.

---O---

11 de octubre de 1984

XII

Ser, no ser

Quiero ser campo de primavera
pleno de color de naturaleza.

Quiero ser tierra que cobra forma
y el viento ni levanta ni lleva.

Quiero ser destello que fecunda
las semillas que alberga la tierra.

Quiero ser agua que da vida plena.

Quiero ser tallo de la hierba
que ondea al viento y no quiebra.

Quiero ser roca estable y quieta,
en perfecta armonía de existencia.

No quiero ser tierra de fuego,
estéril y seca, ni árido polvo
que el viento levanta y lleva,
ni noches de naturaleza muerta.

---O---

Antequera, 3 de abril de 1989

XIII

Mi cuerpo del barro modelado

Mi cuerpo, del barro modelado,
   arcilla de espíritu primitivo;
el tuyo, de mi costilla sacado,
a imagen de lo humano y divino.

   Mi alma, sustancia inmortal,
esencia del espacio y el tiempo;
   la tuya, la imagen conceptual
en el espejo de mi pensamiento.

   Mi pasión, la fuerza astral
que me atrae cual agujero negro
para unirme a tu ser existencial.

Y mi cuerpo penetra en tu cuerpo
y se funden en una nuestras almas,
que se dilatan como el universo.

---0---

2 de marzo de 1990

XIV

Singularidad

En el espacio-tiempo,
la singularidad
de mi vida;
en el espacio-tiempo
de mi vida,
la singularidad
del amor;
entre tú y yo,
el espacio-tiempo
y singularidad
de Dios;
entre tú y yo,
el amor.

---0---

20 de marzo de 1990

XV

Amor, deseos y sentimientos

La idea,
en el viento;
el deseo,
en la tormenta;
los sentimientos,
en la lluvia
que empapa la tierra;
amor, deseos y sentimientos,
primarios como la existencia.

--- 0 ---

Antequera, 18 de octubre de 1990

XVI

Ecos

El tiempo,
vacío inmenso
de la vida.

Los sentimientos,
ecos
del tiempo.

Ecos del alma,
de soledad,
el infinito;
de sentimientos,
el universo.

--- 0 ---

16 de octubre de 1990

XVII
Lugar de paz

Hay un lugar
en la tierra
de mis antepasados,
hace tiempo secano,
casi erial;
hoy, huerto de naranjos,
de tierra húmeda,
casi arenal.

Hay un lugar
en lo más alto del monte
donde se divisan
el río, las alamedas
y el pueblo-ciudad.

Son mis recuerdos de infancia
tierra, huerto, río, pueblo
y aroma de azahar.

...

Y en mi soledad,
sembrada de angustia mortal,
me da por pensar
que, cuando haya de morir,
me gustaría hacerlo
en aquel lugar.

¿Y descansar?,
¡dónde descansar
que no haya soledad!

---0---

Antequera, 22 de octubre de 1990

XVIII

En la idea

El espacio, infinito;
el universo, en desorden,
y el tiempo, en él inmerso.

La existencia, relativa,
como el pensamiento,
y el alma, perdida
entre la razón
y la idea.

Y en la idea
trasciende Dios.

---O---

Antequera, 17 de diciembre de 1990

XIX

¿Es el alma?

La senda, que no camino,
entre la luz
y la oscuridad;
la razón, que no sentimiento,
entre el bien
y el mal;
el ser, que no esencia,
entre la nada
y la existencia;
el pensamiento, bipolar,
ni rectilíneo
ni circular;
todo se difumina
en el universo de mi conciencia.

¿Es el alma?

--- 0 ---

Málaga, 19 de febrero de 1993

XX

Hubo una época

Hubo una época,
primaria en su esencia.

El tiempo se contaba
en estaciones y cosechas,
en jornadas de sol a sol,
en pausas de ocaso a alba,
en noches de luna llena
a noches de luna nueva.

Hubo una época,
primaria en su forma,
de usos naturales,
de ideas sencillas
y austera en las normas.

Hubo una época
de campo y tierra,
de agua y sol,
de frío y calor,
de luz y olor,
de olivos y retama,
de trigales y jara,
de verde y paja.

...

Hubo una época
de hombres erguidos
sobre su sombra.

Hubo una época
cuyo universo
era la tierra de día,
y de noche, la luna
y las estrellas.

Hubo una época
de sueños
y existencia.

---0---

14 de agosto de 2000

XXI

La vida, un sueño

La vida,
un sueño.

En el sueño,
una pesadilla.

En la pesadilla,
incrustado
el miedo.

Y en el miedo,
trasciende
la muerte.

En un instante,
se hace evidente
la fragilidad
de la existencia,
la certidumbre
de la muerte.

Es un momento
consciente.

--- 0 ---

7 de septiembre de 2003

XXII
La mirada interior

La existencia,
finita, caótica,
efímera, incierta,
frágil, dolorosa.

El ser,
singular, complejo,
insoportable, leve.

La naturaleza,
humana, real,
determinada,
doliente.

La razón,
conservada.

El pensamiento,
dicotómico,
perdido.

Los sentimientos,
planos.
...

Los afectos,
depresivos.

El ánimo,
melancólico.

El paisaje interior,
empobrecido.

Y la mirada,
interior.

— o —

29 de septiembre de 2003

XXIII

La voz

Una hoja en blanco,
como las ideas;
los sentimientos confusos,
como los deseos;
quiero hablar,
pero no surge la voz;
la voz,
la palabra adecuada,
no el gemido
doliente del animal;
la voz,
la expresión clara,
racional.

Una hoja en blanco
con trazos grises.

---0 ---

Málaga, 22 de septiembre de 2006

XXIV

Realidad virtual

Sentado,
delante de un folio (virtual);
pantalla, teclado
y ratón (real);
blanco sobre blanco.

Pensando
en cómo encadenar
ideas, palabras y versos;
negro sobre blanco
(realidad virtual).

Escribiendo
verso tras verso
(editar, copiar, pegar);
negro sobre blanco.

Creando
(editar, copiar, pegar),
realidad virtual.

---0---

10 de septiembre de 2003

In memoriam *de José María Garrido Hernández*
DEP

XXV

Tu Creador

Cuando tus pupilas se iluminen
con la luz primigenia del universo;
cuando tus oídos se impregnen
con las primeras notas de la creación;
cuando tu alma, esencia inmaterial
entre lo humano y divino, vuelva a la Luz;
cuando tu pensamiento racional y ético
sea todo moral y trascienda a Dios;
entonces, estarás ante tu Creador,
tu Dios y mi Dios.

--- 0 ---

Málaga, 31 de mayo de 2022

Índice